행복을 만드는 레시피

배정열 제과기능장의
구움과자

서문

안녕하세요, 배정열입니다.

제과제빵을 배우는 일이 나의 천직이라고 생각하며 17세부터 인생의 한길을 걸어 왔습니다.

힘든 시련을 밑거름으로 삼으며 배움과 성장을 포기하지 않았던 것이 35년간 제과인으로서 살아올 수 있었던 원동력이었습니다.

제과 인생에서 접했던 여러 가지 제품들을 후배 제과인들과 나누고자 합니다.

많은 도움이 되시길 바라고, 여러분들의 꿈을 진심으로 응원합니다.
감사합니다.

CONTENTS

소형과자

다쿠아즈	08
허니 마들렌	10
휘낭시에	12
쇼콜라 후리앙	14
갸토프룬	16
무궁화케이크	18
시트롱케이크	20
브라우니	22
마시멜로 초코파이	24
코요타	26

타르트

갸토프로마즈	30
고구마타르트	32
린츠	34
쇼콜라 타르트	36
크림치즈 타르트	38
캬라멜너트 타르트	40
타르트 오 시트롱	42
호두파이	44

파운드

와인케이크	48
구겔호프	50
구겔쇼콜라	52
오렌지 파운드케이크	54
크랜베리초코칩 파운드케이크	56
파운드케이크	58
초코 머핀	60
블루베리 머핀	62

마카롱

레몬 마카롱	66
산딸기 마카롱	68
녹차 마카롱	70

카스테라

밀크 카스테라	74
쌀 카스텔라	76
제노아즈 컵케이크	78
위크엔드	80
흑당 쉬폰케이크	82
엔젤 쉬폰케이크	84
치즈케이크	86
바스크 치즈케이크	88

만주

밤과자	92
황남빵	94
호두만주	96

쿠키

브라우니 쿠키	100
블랙&화이트 쿠키	102
오트밀컨츄리 쿠키	104
호미아 쿠키	106
샤브레 브르통	108

스콘

초코매니아	112
어니언치즈 스콘	114
호두크랜베리 스콘	116
버터스틱	118

파이

팔미에	122
리프파이	124

소형과자

Bread 01

다쿠아즈

쿠킹배

굽기
윗불 : 180℃, 아랫불 : 160℃
시간 : 15~20분
수량
22개

다쿠아즈

제품의 배합_반죽

재료	중량(g)
흰자	300
설탕	225
아몬드분말	225
박력분	45

필링_버터크림

재료	중량(g)
설탕	88
물	28
황란	21
계란	18
버터	175

필링_가나슈

재료	중량(g)
생크림	140
물엿	18
다크초콜릿	210
럼	6
버터	28

● 반죽 제조공정 ●

01 흰자를 거품을 낸다.
02 설탕을 3~4회 나누어 넣고 섞는다.
03 아몬드분말과 박력분을 체질하여 가볍게 혼합한다.
04 실리콘 페이퍼를 깔고 다쿠아즈틀에 짠 후, L자 스패츄라로 평평하게 편다.
05 윗면에 슈가파우더를 뿌린다.
06 오븐에 굽는다.

● 버터크림 ●

01 황란과 계란을 혼합한 후, 끓인 설탕과 물을 넣어 거품을 낸다.
02 버터를 투입한다.

● 가나슈 ●

01 생크림, 물엿을 중탕한 후, 다크초콜릿을 넣어 녹인다.
02 버터와 럼을 혼합하여 냉각 후 초콜릿에 섞는다.

Bread 02

허니 마들렌

굽기
윗불 : 170℃, 아랫불 : 160℃
시간 : 17~20분
수량
32개

허니 마들렌

제품의 배합_반죽	
재료	중량(g)
계란	252
설탕	187
소금	1.4
꿀	39
박력분	225
베이킹파우더	6
버터	225

● 반죽 제조공정 ●

01 버터를 중탕한다.
02 계란, 꿀, 설탕, 소금을 혼합한다.
03 박력분, 베이킹파우더를 체질하여 가볍게 섞는다.
04 중탕한 버터를 혼합한다.(거품이 나지 않게 믹싱한다.)
05 냉장고에 휴지시킨다.
06 팬에 버터를 바르고 짤주머니를 이용하여 적당량(80% 채움) 팬닝한다.

Bread 03

휘낭시에

쿠킹배

굽기
윗불 : 170°C, 아랫불 : 170°C
시간 : 18~20분
수량
25개

휘낭시에

제품의 배합_반죽

재료	중량(g)
흰자	250
설탕	250
물엿	50
아몬드분말	100
박력분	100
버터	300

● 반죽 제조공정 ●

01 버터를 캬라멜색이 나오도록 태운다.
02 흰자에 물엿을 넣어 거품을 낸다.
03 설탕을 조금씩 나누어 넣어 부드러운 머랭을 만든다.
04 아몬드분말, 박력분을 체질하여 혼합한다.
05 태운 버터를 혼합한다.
06 휘낭시에 틀에 일정한 양만큼 짜준다.
07 오븐에 굽는다.

Bread 04

쇼콜라 후리앙

쿠킹배

굽기	
윗불 : 165℃, 아랫불 : 165℃	
시간 : 18~20분	
중량	수량
25g	28개

쇼콜라 후리앙

제품의 배합_반죽

재료	중량(g)
흰자	158
아몬드분말	131
분당	131
박력분	45
베이킹파우더	3
무염버터	189
물엿	23
다크쵸콜릿	68

필링_가나슈

재료	중량(g)
생크림	60
다크초콜릿	120

● **반죽 제조공정** ●

01 틀 안쪽에 버터를 바른다.
02 버터를 캬라멜 색깔이 나오도록 태운다.
03 흰자에 분당, 아몬드분말, 박력분, 베이킹파우더를 체질하여 혼합한다.
04 물엿을 혼합한다.
05 태운 버터를 혼합한다.
06 반죽이 뜨겁지 않은 상태에서 잘게 다진 다크초콜릿을 혼합한다.
07 팬닝한다.
08 오븐에 굽는다.

● **가나슈** ●

01 생크림을 60℃로 데운 후 다크초콜릿을 넣고 녹인다.
02 구운 반죽을 식힌 다음, 중앙에 가나슈를 채운다.

▶ 가나슈

Bread 05
갸토프룬

굽기	
윗불 : 165°C, 아랫불 : 150°C	
시간 : 15~18분	
중량	수량
40g	17개

갸토프룬

제품의 배합_반죽

재료	중량(g)
버터	150
설탕	128
소금	2
꿀	15
계란	150
바닐라오일	2
중력분	105
베이킹파우더	2
아몬드분말	75
생크림	15
건자두	75
브랜디	23

● 반죽 제조공정 ●

01 건자두를 잘라둔다.
02 계란에 소금을 넣어 소금을 녹인다.
03 버터를 부드럽게 풀어준다.
04 설탕과 꿀을 넣는다.
05 계란 2/3를 조금씩 넣어 휘핑한다.
06 분리되지 않게 아몬드분말을 혼합한다.
07 나머지 계란 1/3을 넣어 휘핑한다.(휘핑 80%)
08 중력분, 베이킹파우더를 체질하여 혼합한다.
09 생크림, 브랜디, 바닐라오일을 혼합한다.
10 건자두를 혼합한다.
11 틀에 40g씩 짠다.
12 윗면에 건자두를 하나씩 올려준다.
13 오븐에 굽는다.
14 구워져 나오면 윗면에 아프리코트 혼당을 바른다.

Bread 06
무궁화케이크

굽기
윗불 : 160°C, 아랫불 : 160°C
시간 : 35분

▲ 특허번호 제2459833호

무궁화케이크

제품의 배합_반죽

재료	중량(g)
흰자	230
전란	90
아몬드분말	260
설탕	260
쌀가루	100
백년초분말	35
베이킹파우더	5
버터	300
물엿	40
레몬즙	10
크랜베리(전처리한 것)	135
소금	3

크랜베리 전처리

재료	중량(g)
크랜베리	1000
럼주	300
물	700

*위 재료들을 미리 혼합하여 담가둔다.

필링_레몬크림, 산딸기 잼

재료	중량(g)
전란	40
노른자	134
슈가파우더	167
레몬즙	140
레몬제스트(껍질)	
버터	130
산딸기 잼	적당량
전분	40

● **반죽 제조공정** ●
01 흰자와 전란을 풀어준다.
02 설탕, 소금, 물엿을 혼합한다.
03 아몬드분말, 쌀가루, 베이킹파우더, 백년초분말을 혼합한다.
04 버터를 녹인 후 혼합한다.
05 전처리한 크랜베리를 잘게 다져서 혼합한다.
06 틀 안쪽에 버터를 바른다.(붓 사용)
07 틀에 30g씩 균일하게 짜준다.
08 레몬필링을 07 위에 10g씩 짠다.
09 반죽을 08 위에 25g씩 짜서 덮어준다.   10 오븐에 굽는다.

● **레몬크림** ●
01 노른자, 전란, 슈가파우더, 전분을 혼합한다.
02 레몬즙, 레몬제스트를 혼합하여 끓인다.
03 01에 끓인 02를 넣고 타지 않게 끓인다.
04 불에서 내려 버터를 혼합한다.
05 윗면이 마르지 않게 비닐을 덮어 냉장 보관한다
06 바믹서로 갈아준다.

● **완성** ●
01 구워져 나온 케이크의 중앙에 산딸기 잼을 짜 넣는다.

Bread 07
시트롱케이크

쿠킹배

굽기	
윗불 : 185°C, 아랫불 : 140°C	
시간 : 20~25분	
중량	수량
60g	12개

시트롱케이크

제품의 배합_반죽

재료	중량(g)
계란	235
설탕	228
소금	1
생크림	70
버터1	35
레몬피	1
박력분	150
베이킹파우더	5
버터2	70
레몬	1/2개

● 반죽 제조공정 ●

01 버터1, 레몬피, 생크림을 중탕한다.
02 계란을 풀어준 후 설탕, 소금을 혼합한다.
03 01을 혼합한다.
04 박력분과 베이킹파우더를 체질하여 혼합한다.
05 버터2와 생크림을 녹여서 혼합한다.
06 레몬즙을 혼합한다.
07 냉장 휴지시킨다.
08 틀에 버터를 칠한다.
09 틀에 일정한 크기로 짠다.
10 오븐에 굽는다.(데크오븐의 경우 틀 바닥에 철판을 하나 깐다.)

Bread 08

브라우니

굽기
윗불 : 165°C, 아랫불 : 165°C
시간 : 20~25분

브라우니

제품의 배합_반죽

재료	중량(g)
다크초콜릿	468
버터	468
계란	552
설탕	894
박력분	342
코코아 파우더	117
호두분태	300
구운 슬라이스 아몬드	150

● 반죽 제조공정 ●

01 계란에 설탕을 넣어 녹인다.
02 버터와 다크초콜릿을 혼합하여 중탕으로 녹인다.
03 02에 계란 01을 혼합한다.
04 박력분과 코코아 파우더를 혼합하여 체질한다.
05 구운 호두분태와 구운 슬라이스 아몬드를 혼합한다.
06 틀에 팬닝한다.
07 오븐에 굽는다.
08 식힌 후 재단한다.

Bread 09

마시멜로 초코파이

굽기
윗불 : 170℃, 아랫불 : 120℃
시간 : 12분

중량	수량
30g	28개

마시멜로 초코파이

제품의 배합_반죽

재료	중량(g)
우유	100
설탕	180
소금	2
사워크림	120
황란	1개
전란	1개
포도씨유	100
바닐라 익스트랙	2.5
강력분	90
박력분	90
코코아분말	50
베이킹파우더	2
베이킹소다	2

필링_마시멜로

재료	중량(g)
흰자	85
설탕	200
물	50
젤라틴	10
바닐라 익스트랙	2.5
코팅용 초콜릿	

● 반죽 제조공정 ●
01 우유, 설탕, 소금을 혼합한다.
02 사워크림, 황란, 전란, 포도씨유, 바닐라 익스트랙을 차례로 혼합한다.
03 강력분, 박력분, 코코아분말, 베이킹파우더, 베이킹소다를 체질하여 혼합한다.
04 냉장 휴지시킨다.
05 원형 모양 깍지로 실리콘 페이퍼 위에 일정한 크기로 짠다.
06 오븐에 굽는다.

● 마시멜로 ●
01 흰자를 60% 거품을 낸다.
02 설탕과 물을 121°C 끓여서 흰자에 투입하여 단단한 이탈리안 머랭을 만든다.
03 젤라틴을 녹여서 넣는다.
04 바닐라 익스트랙을 혼합한다.

● 샌드 ●
01 마시멜로를 샌드한다.
02 초콜릿으로 코팅하고 무늬를 낸다.

Bread 10

코요타

쿠킹배

굽기	
윗불 : 160℃, 아랫불 : 160℃	
시간 : 25분	
중량	수량
반죽 60g	14개
충전 20g	

코요타

제품의 배합_반죽	
재료	중량(g)
강력분	400
크라프트콘	100
버터	30
드라이이스트	5
물	300
콩기름	30
검은깨	15

● 반죽 제조공정 ●

01 강력분, 크라프트콘, 드라이이스트, 물을 혼합하여 믹싱한다.
02 콩기름, 버터를 혼합한다.
03 검은깨를 혼합한다.
04 냉장 휴지시킨다.
05 60g씩 분할하고, 10분간 중간 발효 시킨다.
06 충전물을 20g씩 충전한다.
07 둥글게 밀어 펴기 한다.
08 중앙에 십자로로 칼집을 낸다.
09 오븐에 굽는다.(바삭하게)

필링_흑설탕	
재료	중량(g)
흑설탕	270
분유	35

● 흑설탕 필링 ●

01 흑설탕, 분유를 섞는다.

Bread 11

갸토프로마즈

쿠킹배

굽기
윗불 : 140°C, 아랫불 : 140°C
28분 구운 후 팬을 돌려서 10분 더

중량	수량
반죽 50g	20개
필링 50g	

갸토프로마즈

제품의 배합_파트사브레

재료	중량(g)
강력분	500
드라이이스트	10
설탕	100
소금	8
전란	190
아몬드분말	50
물	150
버터	167
블루베리 리플잼	20(개당)

필링_크림치즈

재료	중량(g)
크림치즈	520
설탕	177
중력분	37
전란	146
버터	189
바닐라 익스트랙	1

● 반죽 제조공정 ●

01 물과 버터를 제외한 전 재료를 혼합한다.
02 물을 넣고 반죽한다.
03 믹싱이 완성되면 버터를 나누어 넣고, 완전히 혼합되면 반죽을 완성한다.
04 냉장 휴지시킨다.
05 반죽을 분할하여 밀어 펴기를 한다.
06 틀에 팬닝한다.
07 블루베리 리플잼을 바닥에 넣는다.

● 필링 공정 ●

01 크림치즈를 중탕한다.
02 설탕을 넣어 혼합한다.
03 중력분과 계란을 혼합(덩어리지지 않게) 하여 02에 섞어준다.
04 버터를 투입하여 녹여준다.
05 팬닝 한 후 굽는다.
06 데코레이션 한다.

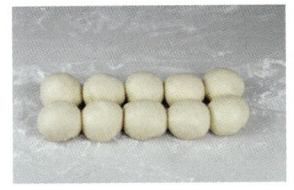

Bread 12

고구마타르트

쿠킹배

굽기
윗불 : 175℃, 아랫불 : 150℃
시간 : 17~20분
수량
30개
충전물 9개

고구마타르트

제품의 배합_파트사브레

재료	중량(g)
버터	250
설탕	167
계란	92
바닐라 익스트랙	3
박력분	500

필링_고구마크림

재료	중량(g)
삶은 고구마	500
설탕	60
버터	60
물엿	60
소금	2
연유	20
케이크시트	적당량
호두분태(구운것)	적당량

● **반죽 제조공정** ●

01 버터를 풀어준다.
02 설탕을 혼합한다.
03 계란을 2~3번 나누어 넣으며 믹싱한다.
04 바닐라 익스트랙을 넣는다.
05 박력분을 체질하여 혼합한다.
06 냉장 휴지시킨다.
07 3mm로 밀어서 틀에 성형한다.
08 유산지를 깔고 누름돌을 이용하여 오븐에 굽는다.
09 누름돌을 빼고 안쪽까지 색이 나도록 다시 굽는다.

● **고구마 충전물** ●

01 삶은 고구마를 풀어준다.
02 설탕, 버터, 물엿, 소금을 넣어 믹싱한다.
03 연유를 넣는다.
04 케이크 시트를 일정한 크기로 재단한다.
05 타르트 안에 고구마 충전물을 조금 짠다.
06 호두를 넣고 재단된 케이크시트를 위에 얹는다.
07 고구마 충전물을 별모양깍지로 짠다.
08 냉장고 두었다가 윗면에 노른자를 바른다.
09 오븐에 굽는다.

Bread 13

린츠

굽기	
윗불 : 165℃, 아랫불 : 170℃	
시간 : 35~40분	
중량	수량
아몬드크림 50g	10개

린츠

제품의 배합_파트사브레

재료	중량(g)
버터	160
소금	1
슈가파우더	100
아몬드파우더	34
바닐라 익스트랙	1
계란	53
박력분	267
산딸기 리플잼	20(개당)

필링_아몬드크림

재료	중량(g)
버터	140
설탕	140
계란	110
아몬드파우더	126
중력분	15
럼주	10

필링_크럼블

재료	중량(g)
버터	50
피넛크림	33
설탕	67
중력분	108
베이킹파우더	3

● 반죽 제조공정 ●

01 버터를 풀어준다.
02 슈가파우더를 혼합한다.
03 계란에 소금, 바닐라 익스트랙을 넣어 혼합 후 나누어 투입하여 믹싱한다.
04 박력분, 아몬드파우더를 체질하여 혼합한다.
05 냉장 휴지시킨다.
06 두께 4mm로 밀어서 틀에 넣는다.
07 산딸기 리플잼을 타르트 바닥에 20g씩 넣는다.

● 아몬드크림 ●

01 버터를 풀어준다.　　02 설탕을 넣어 크림화한다.
03 계란을 조금씩 나누어 투입한다.
04 아몬드파우더, 중력분을 체질하여 섞는다.
05 럼주를 혼합한다.　　06 틀에 50g씩 짠다.

● 크럼블 ●

01 버터를 풀고 피넛 크림을 혼합한다.
02 설탕을 넣고 혼합한다. (거품이 너무 나지 않도록)
03 체질한 중력분, 베이킹파우더를 혼합하여 소보루 상태로 만든다.
　- 크럼블을 골고루 뿌린다.

Bread 14

쇼콜라 타르트

쿠킹배

굽기	
윗불 : 165℃, 아랫불 : 165℃	
시간 : 35~40분	
중량	수량
필링1_20g	20개
필링2_40g	

쇼콜라 타르트

제품의 배합_반죽

재료	중량(g)
버터	300
설탕	160
소금	4
계란	100
아몬드분말	68
박력분	360
코코아	60
마카다미아, 피칸, 크랜베리	

필링2

재료	중량(g)
버터	133
슈가파우더	100
분유	10
사워크림	25
계란	103
바닐라 익스트랙	10
아몬드분말	133
코코아분말	15
우유	227
커스터드크림 파우더	86

필링1

재료	중량(g)
우유	440
커스터드크림 파우더	120
다크초콜릿	120

● **반죽 제조공정** ●
01 버터를 풀어준다.   02 설탕을 투입하여 크림화한다.
03 계란에 소금을 넣어 녹인 후, 조금씩 투입한다.
04 아몬드분말, 박력분, 코코아를 체질하여 혼합한다.
05 냉장 휴지시킨다.
06 밀대로 두께 4mm로 밀어서 틀에 넣는다.
07 바닥에 마카다미아, 피칸, 크랜베리를 넣는다.

● **필링 1** ●
01 우유, 커스터드크림 파우더, 녹인 다크초콜릿을 넣고 섞는다.
02 너트 위에 일정하게 짠다.

● **필링 2** ●
01 우유와 커스터드크림 파우더를 혼합하여 크림을 만든다.
02 버터를 풀어준다.   03 슈가파우더를 넣어 혼합한다.
04 계란을 나누어 투입 후 크림상태로 만든다.
05 분유, 아몬드분말, 코코아분말을 혼합한다.
06 사워크림, 바닐라 익스트랙을 혼합한다.
07 01을 넣고 섞는다.

● **완성** ●
01 필링 1을 짜 넣고, 그 위에 필링 2를 짠다.
02 오븐에 굽는다.   03 슈가파우더로 데코레이션한다.

Bread 15

크림치즈 타르트

굽기
윗불 : 175℃, 아랫불 : 150℃
시간 : 15~20분
수량
30개
충전물 8개

크림치즈 타르트

제품의 배합_파트사브레

재료	중량(g)
버터	250
설탕	167
계란	92
바닐라 익스트랙	3
박력분	500

필링_크림치즈

재료	중량(g)
우유	325
바닐라빈	1/2개
계란	83
노른자	44
설탕	63
꿀	5
전분	25
크림치즈	125
버터	50
레몬즙	8
럼주	19
블루베리 리플잼	10(개당)

● 반죽 제조공정 ●

01 버터를 풀어준다. 02 설탕을 혼합한다.
03 계란을 2~3번 나누어 넣어 믹싱한다.
04 바닐라 익스트랙을 넣는다. 05 박력분을 체질하여 혼합한다.
06 냉장 휴지시킨다. 07 3mm 두께로 밀어서 틀에 성형한다.
08 유산지(케이크 컵)를 깔고 누름돌을 이용하여 굽는다.(165℃, 10분)
09 누름돌을 빼내고 안쪽까지 색이 나도록 다시 굽는다.(165℃, 10분)

● 크림치즈 충전물 ●

01 우유와 바닐라빈을 끓인다   02 계란, 노른자, 설탕을 혼합한다.
03 꿀, 전분을 덩어리 지지 않게 잘 혼합한다.
04 끓인 우유를 천천히 투입하며 혼합한다.
05 직불로 호화시킨다.(끓인다)
06 크림치즈, 버터, 레몬즙, 럼주를 차례로 넣고, 덩어리가 생기지 않도록 풀어준다.
07 냉장고에서 식힌다. 08 크림을 잘 풀어서 충전한다.

● 완성 ●

01 구운 비스킷에 블루베리 리플잼을 짠다.
02 크림치즈를 채운다.
03 윗면에 계란 노른자를 바른다.
04 오븐에 굽는다.

Bread 16

캬라멜너트 타르트

굽기
윗불 : 175℃, 아랫불 : 150℃
시간 : 17~20분
수량
15개

캬라멜너트 타르트

제품의 배합_파트사브레

재료	중량(g)
버터	125
설탕	83
계란	46
바닐라 익스트랙	2
박력분	250

필링_아몬드크림

재료	중량(g)
버터	138
설탕	138
계란	110
아몬드분말	125
중력분	13
럼주	10

● 반죽 제조공정 ●

01 버터를 풀어준다.　　　　02 설탕을 혼합한다.
03 계란을 2~3번 나누어 넣어 믹싱한다.　04 바닐라 익스트랙을 넣는다.
05 박력분을 체질하여 혼합한다.　06 냉장 휴지시킨다.
07 3mm 두께로 밀어서 틀에 성형한다.
08 아몬드크림을 안쪽에 80%만큼 짜 넣어 굽는다.

● 아몬드크림 ●

01 버터를 풀어준다.　　　　02 설탕을 혼합한다.
03 계란을 2~3번 나누어 넣고 섞는다.
04 럼주를 넣고 혼합한다.
05 아몬드분말, 중력분을 체질하여 혼합한다.

필링_캬라멜너트

재료	중량(g)
설탕	240
물	50
버터	50
생크림	50
견과류	310

● 캬라멜너트 ●

01 설탕과 물을 태워 캬라멜을 만든다.
02 버터, 생크림을 녹여서 혼합한다.
03 구운 너트와 완두배기를 혼합한다.
04 타르트 위에 올려서 마무리한다.
- 견과류(310g) : 호두 100g, 아몬드 80g, 완두배기 50g,
　　　　　　　피스타치오 50g, 크랜베리 30g

Bread 17

타르트 오 시트롱

쿠킹배

굽기	
윗불 : 165℃, 아랫불 : 165℃	
시간 : 20~25분	
중량	수량
크렘시트롱 60g	10개

42

타르트 오 시트롱

제품의 배합_파트사브레

재료	중량(g)
버터	160
소금	1
슈가파우더	100
아몬드분말	34
바닐라 익스트랙	1
계란	53
박력분	267

필링_크렘 시트롱(레몬크림)

재료	중량(g)
계란	40
노른자	134
슈가파우더	167
레몬즙	140
레몬제스트(껍질)	레몬 1+1/3개
버터	167

데코레이션_이탈리안 머랭

재료	중량(g)
설탕	100
물	40
흰자	50

● **반죽 제조공정_파트사브레** ●

01 버터를 풀어준다.
02 슈가파우더를 혼합한다.
03 계란에 소금, 바닐라 익스트랙을 넣어 혼합 후, 조금씩 나누어 투입하여 믹싱한다.
04 박력분, 아몬드분말을 체질하여 혼합한다.
05 냉장 휴지시킨다.
06 4mm 두께로 밀어서 틀에 넣는다.
07 포크로 작은 구멍을 낸다.
08 종이를 깔고, 바닥에 누름돌(콩)을 깐다.
09 오븐에 굽는다.

● **크렘 시트롱** ●

01 레몬즙, 레몬제스트를 혼합하여 끓인다.
02 계란과 노른자를 혼합한다.
03 02에 슈가파우더를 혼합한다.
04 02에 01을 혼합하여 타지 않게 끓인다.
05 불에서 내려 버터를 혼합한다.
06 윗면이 마르지 않게 비닐을 덮어 냉장 보관한다.
07 바믹서로 갈아준다.
08 구워진 타르트지 안에 가득 채워 넣는다.

● **이탈리안 머랭** ●

01 설탕에 물을 조금 넣어 121°C까지 끓인다.
02 흰자 거품이 60% 정도 오르면 설탕시럽을 넣어 단단한 머랭을 만든다.
03 모양 깍지로 모양을 내며 레몬크림 위에 올린다.
04 토치로 가볍게 그을린다.

▶ 크렘 시트롱

Bread 18

호두파이

쿠킹배

굽기	
윗불 : 150°C, 아랫불 : 165°C	
시간 : 60~70분	
중량	수량
호두 10g	18개
필링 50g	

호두파이

제품의 배합_파이반죽

재료	중량(g)
중력분	405
노른자	40
소금	6
설탕	12
생크림	42
버터	162
우유	114
구운 호두	180(개당10g)

필링

재료	중량(g)
벌꿀	30
물엿	142
흑설탕	137
설탕	137
계피가루	2
커피가루	1
물	61
계란	491
코코넛분말	54(개당3g)
호두반태	18개

● 반죽 제조공정 ●
01 노른자, 생크림, 소금, 설탕, 우유를 혼합한다.
02 중력분을 체질하고 버터를 조각낸다.
03 중력분과 버터를 굵은 체로 내린다.
04 손으로 밀가루와 버터를 풀어준다.
05 가운데 자리를 만들어 01을 혼합하여 반죽한다.
06 냉장 휴지시킨다.

● 필링 ●
01 물, 벌꿀, 물엿, 흑설탕, 설탕, 계핏가루, 커피가루를 끓인다.
02 계란을 풀어준 후 01과 혼합한다.
03 체로 거른다.
04 거품을 제거하기 위해 종이를 덮어놓는다.

● 완성 ●
01 타르트 반죽을 3mm 두께로 밀어서 틀에 성형한다.
02 구운 호두를 10g씩 담는다.
03 필링을 50g씩 채운다.
04 코코넛분말을 윗면에 뿌려준다.
05 오븐에 굽는다.

Bread 19

와인케이크

쿠킹배

굽기	
윗불 : 175℃, 아랫불 : 150℃	
시간 : 20~25분	
중량	수량
130g	6개

와인케이크

제품의 배합_반죽

재료	중량(g)
버터	170
설탕	160
소금	2
계란	170
박력분	200
베이킹파우더	5
크랜베리	50
호두	40
레드와인	60

데코레이션_와인혼당

재료	중량(g)
분당	80
레드와인	20

● 반죽 제조공정 ●

01 호두를 굽는다.
02 계란에 소금을 넣어 소금을 녹인다.
03 크랜베리에 레드와인을 넣어 전처리한다.
04 버터를 부드럽게 풀어준다.
05 설탕을 넣는다.
06 계란을 조금씩 넣어 휘핑한다.
07 박력분, 베이킹파우더를 체질하여 섞는다.
08 전처리된 레드와인과 크랜베리를 혼합한다.
09 구운 호두를 혼합한다.
10 틀에 130g씩 짠다.
11 오븐에 굽는다.

● 와인혼당 ●

01 레드와인에 분당을 체질하여 혼합한다.

● 완성 ●

01 반죽을 구운 후 윗면에 와인혼당을 바른다.
02 오븐에 다시 한번 살짝 굽는다.

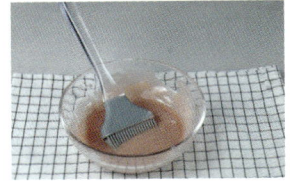

Bread 20

구겔호프

쿠킹배

굽기	
윗불 : 165°C, 아랫불 : 175°C	
시간 : 45~50분	
중량	수량
250g	5개

구겔호프

제품의 배합_반죽

재료	중량(g)
버터	268
설탕	300
소금	1
계란	211
우유	93
레몬피	1
중력분	300
베이킹파우더	6
크랜베리	150

● 반죽 제조공정 ●

01 틀에 버터를 바르고 슬라이스 아몬드를 묻힌다.
02 레몬을 세척하여 레몬피를 갈아둔다.
03 크랜베리를 전처리한다.
04 계란에 소금을 혼합하여 녹인다.
05 버터, 설탕을 크림화한다.
06 계란을 조금씩 투입 후 믹싱한다.
07 중력분, 베이킹파우더를 체질하여 혼합한다.
08 우유를 혼합한다.
09 전처리된 크랜베리와 레몬피를 혼합한다.
10 짤주머니로 짜서 팬닝한다.
11 오븐에 굽는다.
12 구워져 나오면 럼주를 뿌린다.
13 데코스노우를 뿌린다.

구겔쇼콜라

Bread 21

굽기	
윗불 : 165℃, 아랫불 : 175℃	
시간 : 45~50분	
중량	수량
200g	5개

구겔쇼콜라

제품의 배합_반죽

재료	중량(g)
버터	131
생크림	87
난황	109
다크초콜릿	153
난백	218
설탕	218
중력분	78
코코아	66
베이킹파우더	12

데코레이션_글라사즈

재료	중량(g)
다크초콜릿	250
식용유	16
시럽	42
물엿	21
생크림	100

● 반죽 제조공정 ●

01 버터, 생크림, 다크초콜릿을 중탕으로 녹인다.
02 난황을 혼합한다.
03 난백에 설탕을 넣어 80% 머랭을 만든다.
04 중력분, 코코아분말, 베이킹파우더를 체질한다.
05 머랭을 1/3을 혼합한다.
06 체질한 가루를 혼합 후 나머지의 머랭을 혼합한다.
07 오븐에 굽는다.
08 구워져 나오면 시럽을 뿌린다.
09 식힌 후 글라사즈로 데코레이션한다.

Bread 22

오렌지 파운드케이크

굽기	
윗불 : 160℃, 아랫불 : 160℃	
시간 : 35~40분	
중량	**수량**
380g	3개

오렌지 파운드케이크

제품의 배합_반죽

재료	중량(g)
설탕	255
중력분	219
베이킹파우더	4
아몬드분말	85
소금	3
오렌지 제스트	1
계란	243
버터	202
오렌지필	128
쿠엥트로(오렌지술)	20

오렌지 시럽

재료	중량(g)
오렌지즙	65(오렌지1/2개)
설탕	15

● 반죽 제조공정 ●

01 버터를 풀어준다.
02 설탕, 소금을 넣어 믹싱한다.
03 계란을 조금씩 나누어 투입하며 믹싱한다.
04 아몬드분말을 체질하여 혼합한다.
05 중력분, 베이킹파우더를 체질하여 혼합한다.
06 쿠엥트로를 혼합한다.
07 오렌지 필과 오렌지 제스트를 혼합한다.
08 380g씩 팬닝한다.
09 오븐에 굽는다.
10 오렌지 시럽을 바른다

Bread 23

크린베리초코칩 파운드

쿠킹배

굽기	
윗불 : 165℃, 아랫불 : 165℃	
시간 : 45~50분	
중량	수량
반죽 540g	3개

크린베리초코칩 파운드

제품의 배합_반죽

재료	중량(g)
버터	238
설탕	320
계란	400
노른자	80
아몬드분말	320
중력분	80
베이킹파우더	4
크랜베리	120
초코칩	120

● 반죽 제조공정 ●

01 크랜베리를 전처리한다.(뜨거운 물에 담가 놓는다.)
02 버터를 풀어서 설탕을 투입한다
03 계란과 노른자를 나누어 투입하여 크림화한다.
04 아몬드분말, 중력분, 베이킹파우더를 체질하여 혼합한다.
05 크랜베리와 초코칩을 혼합한다.
06 팬닝한다.
07 오븐에 굽는다.

Bread 24

파운드 케이크

쿠킹배

굽기	
윗불 : 165℃, 아랫불 : 165℃	
시간 : 45~50분	
중량	수량
반죽 530g	3개

파운드 케이크

제품의 배합_반죽

재료	중량(g)
설탕	325
버터	407
계란	393
박력분	325
베이킹파우더	7
사과다이스	128
레몬제스트(껍질)	32
건포도	32
호두	32

● 반죽 제조공정 ●

01 버터를 풀어준다.
02 설탕을 혼합하여 크림화한다.
03 계란을 조금씩 투입하여 믹싱한다.
04 박력분과 베이킹파우더를 체질하여 혼합한다.
05 레몬을 껍질째 갈아서 투입한다.
06 전처리한 건포도와 구운 호두를 혼합한다.
07 팬닝한다.
08 오븐에 굽는다.

Bread 25

초코 머핀

굽기	
윗불 : 170℃, 아랫불 : 165℃	
시간 : 15~20분	
중량	수량
120g	12개

초코 머핀

제품의 배합_반죽

재료	중량(g)
버터	300
설탕	267
계란	240
초코칩	100
베이킹파우더	4
베이킹소다	2
박력분	350
코코아분말	60
우유	47
다크초콜릿	100
생크림	100

● 반죽 제조공정 ●

01 버터를 풀어준다.
02 설탕을 투입하여 크림화한다.
03 계란을 조금씩 투입하여 믹싱한다.
04 다크초콜릿과 생크림으로 가나슈를 만들어 03의 크림에 혼합한다.
05 박력분, 코코아분말, 베이킹파우더, 베이킹소다를 체질하여 혼합한다
06 우유를 혼합한다.
07 초코칩을 넣고 부드럽게 섞는다.
08 팬에 120g씩 반죽을 짠다.
09 반죽 위에 초코칩을 약간 올린다.
10 오븐에 굽는다.

Bread 26

블루베리 머핀

쿠킹배

굽기	
윗불 : 180℃, 아랫불 : 160℃	
시간 : 15~20분	
중량	수량
120g	15개

블루베리 머핀

제품의 배합_반죽

재료	중량(g)
버터	360
설탕	380
소금	2
계란	300
바닐라 익스트랙	5
우유	128
박력분	490
베이킹파우더	15
베이킹소다	5
블루베리	250

크럼블

재료	중량(g)
버터	75
블루베리	80
설탕	150
중력분	163
베이킹파우더	5

● 반죽 제조공정 ●

01 버터를 풀어준다.
02 설탕, 소금, 바닐라 익스트랙을 투입하여 크림화한다.
03 계란을 조금씩 나누어 혼합한다.
04 블루베리를 넣고 가볍게 섞는다.
05 박력분, 베이킹파우더, 베이킹소다를 체질하여 혼합한다.
06 우유를 혼합하여 부드럽게 섞는다.
07 짤주머니에 담아 틀에 짠다.

● 크럼블 ●

01 해동된 블루베리를 으깬다.
02 버터를 투입하여 풀어준다.
03 설탕을 넣고 가볍게 섞는다.(거품 많이 내지 않기)
04 중력분, 베이킹파우더를 체질하여 혼합한다.
   (손으로 섞어 보슬보슬하게 만든다.)
05 팬에 짠 반죽 위에 뿌린다.

Bread 27

레몬 마카롱

굽기	
윗불 : 150℃, 아랫불 : 150℃	
시간 : 8분 굽고, 다시 8분	
중량	수량
14g	30개
	(마카롱 15개)

레몬 마카롱

필링_버터크림

재료	중량(g)
설탕	30
우유	50
노른자	40
버터	100
바닐라 페이스트	1

필링_레몬잼

재료	중량(g)
계란	40
노른자	134
슈가파우더	167
레몬즙	140
레몬제스트(껍질)	레몬 1+1/3개
버터	167

제품의 배합_마카롱 꼬끄

재료	중량(g)
설탕	75
흰자	80
아몬드분말	95
분당	85
노랑 천연색소	적당량

● **반죽 제조공정** ●

01 흰자와 설탕을 머랭을 만든다.
02 머랭에 노랑 천연색소를 혼합한다.
03 아몬드분말과 분당을 2번 체질하여 혼합한다.
04 팬에 실리콘 페이퍼를 깔고 일정한 크기로 짠다.
05 표면에 손이 달라붙지 않을 때까지 말린다.
06 오븐에 굽는다.(데크오븐은 바닥에 철판 깐다 - 8분을 구운 후, 철판을 빼고 팬 방향을 돌려서 8분을 더 굽는다.   07 실온에 식힌다.

● **버터크림** ●

01 설탕과 노른자를 혼합한다.   02 우유를 데워서 노른자에 혼합한다.
03 83°C까지 끓여서 앙글레즈를 만든다.
04 체에 걸러 식힌 후 버터를 넣어 거품을 낸다.
05 바닐라 페이스트를 넣는다.

● **레몬잼** ●

01 레몬즙, 레몬제스트를 혼합하여 끓인다.
02 계란과 노른자를 혼합한 후, 슈가파우더를 넣어 섞는다.
03 02에 끓인 01을 혼합하여 타지 않게 끓인다.
04 불에서 내려 버터를 혼합한다.
05 윗면이 마르지 않게 비닐을 덮어 냉장보관하고 바믹서로 갈아준다.

● **완성** ●

01 마카롱 꼬끄에 버터크림을 올린다.
02 중앙에 레몬잼을 적당량 짜 넣어 샌드한다.

Bread 28

산딸기 마카롱

굽기	
윗불 : 150℃, 아랫불 : 150℃	
시간 : 8분 굽고, 다시 8분	
중량	수량
14g	30개
	(마카롱 15개)

산딸기 마카롱

필링_버터크림

재료	중량(g)
설탕	30
우유	50
노른자	40
버터	100
바닐라 페이스트	1

필링_딸기크림

재료	중량(g)
버터크림	200
딸기파우더	7
산딸기 리플잼	적당량

제품의 배합_마카롱 꼬끄

재료	중량(g)
설탕	75
흰자	80
아몬드분말	95
분당	85
빨강 천연색소	적당량

● **반죽 제조공정** ●

01 흰자와 설탕을 머랭을 만든다.
02 머랭에 빨강 천연색소를 혼합한다.
03 아몬드분말과 분당을 2번 체질하여 혼합한다.
04 팬에 실리콘 페이퍼를 깔고 일정한 크기로 짠다.
05 표면에 손이 달라붙지 않을 때까지 말린다.
06 오븐에 굽는다.(데크오븐은 바닥에 철판 깐다 - 8분을 구운 후, 철판을 빼고 팬 방향을 돌려서 8분을 더 굽는다. 07 실온에 식힌다.

● **버터크림** ●

01 설탕과 노른자를 혼합한다.
02 우유를 데워서 노른자에 혼합한다.
03 83℃까지 끓여서 앙글레즈를 만든다.
04 체에 걸러 식힌 후 버터를 넣어 거품을 낸다.
05 바닐라 페이스트를 넣는다.

● **딸기크림** ●

01 버터크림에 딸기파우더를 혼합한다.

● **완성** ●

01 마카롱 꼬끄에 딸기크림을 올린다.
02 중앙에 산딸기 리플잼을 적당량 짜 넣어 샌드한다.

Bread 29

녹차 마카롱

쿠킹배

굽기	
윗불 : 150℃, 아랫불 : 150℃	
시간 : 8분 굽고, 다시 8분	
중량	수량
14g	30개
	(마카롱 15개)

녹차 마카롱

제품의 배합_마카롱 꼬끄

재료	중량(g)
설탕	75
흰자	80
아몬드분말	95
분당	85
녹색 천연색소	적당량

필링_버터크림

재료	중량(g)
설탕	30
우유	50
노른자	40
버터	100
바닐라 페이스트	1

필링_녹차크림

재료	중량(g)
생크림	25
녹차분말	5
화이트초콜릿	50
버터크림	200

● **반죽 제조공정** ●

01 흰자와 설탕으로 머랭을 만든다.
02 머랭에 녹색 천연색소를 혼합한다.
03 아몬드분말과 분당을 2번 체질하여 혼합한다.
04 팬에 실리콘 페이퍼를 깔고 일정한 크기로 짠다.
05 표면에 손이 달라붙지 않을 때까지 말린다.
06 오븐에 굽는다.(데크오븐은 바닥에 철판 깐다 - 8분을 구운 후, 철판을 빼고 팬 방향을 돌려서 8분을 더 굽는다.)
07 실온에 식힌다.

● **버터크림** ●

01 설탕과 노른자를 혼합한다.   02 우유를 데워서 노른자에 혼합한다.
03 83°C까지 끓여서 앙글레즈를 만든다.
04 체에 걸러 식힌 후 버터를 넣어 거품을 낸다.
05 바닐라 페이스트를 넣는다.

● **녹차크림** ●

01 생크림과 녹차분말을 중탕으로 녹인다.
02 화이트초콜릿을 넣어 가나슈를 만든다.

● **완성** ●

01 버터크림과 녹차크림을 혼합한다.
02 마카롱 꼬끄에 샌드한다.

카스테라

Bread 30

밀크 카스테라

쿠킹배

굽기	
윗불 : 175°C, 아랫불 : 160°C	
시간 : 25분	
중량	수량
150g	5개

밀크 카스테라

제품의 배합_반죽

재료	중량(g)
계란	265
중력분	132
설탕	132
전분	13
베이킹파우더	3
SP(유화기포제)	19
소금	3
버터	62
우유	35
연유	106
생크림	150

● 반죽 제조공정 ●

01 계란, 설탕, 중력분, 전분, 베이킹파우더, SP를 혼합하여 100% 휘핑한다.
02 우유, 버터, 연유, 소금을 혼합하여 중탕한다.
03 02에 반죽 01을 조금 덜어내어 혼합한다.
04 반죽 03을 다시 01에 넣고 잘 섞어준다.
05 팬에 150g씩 분할한다.
06 생크림을 휘핑하여 윗면에 십자로 짜준다.
07 오븐에 굽는다.

Bread 31

쌀 카스테라

쿠킹배

굽기	
윗불 : 180°C, 아랫불 : 150°C	
시간 : 25~30분	
중량	수량
95g	8개

쌀 카스테라

제품의 배합_반죽

재료	중량(g)
계란	250
황란	132
설탕	191
물엿	12
정종	30
우유	30
버터	36
박력 쌀가루	144

● 반죽 제조공정 ●

01 계란, 황란을 풀어준다.
02 설탕, 물엿을 혼합한다.
03 43°C로 중탕한다.
04 믹싱한다. (80~90%)
05 박력 쌀가루를 체질하여 혼합한다.
06 버터, 우유를 녹이고 정종을 섞은 후 혼합한다.
07 카스테라틀에 팬닝한다.
08 오븐에 굽는다.

Bread 32

제노아즈 컵케이크

쿠킹배

굽기	
윗불 : 185℃, 아랫불 : 150℃	
시간 : 15~20분	
중량	수량
55g	11개

제노아즈 컵케이크

제품의 배합_반죽

재료	중량(g)
계란	250
설탕	150
유화제	8
중력분	125
버터	100
레몬피	레몬 1/4개
레몬즙	15

● 반죽 제조공정 ●

01 계란에 설탕을 넣어 중탕한다. (43°C)
02 유화제를 넣고 믹서기로 거품을 낸다.
03 중력분을 체질하여 혼합한다.
04 레몬피, 레몬즙을 혼합한다.
05 녹인 버터를 혼합한다.
06 짤주머니에 담아 짠다.(80%)
07 오븐에 굽는다.

위크엔드

Bread 33

쿠킹배

굽기	
윗불 : 170℃, 아랫불 : 160℃	
시간 : 35~40분	
중량	수량
270g	4개

위크엔드

제품의 배합_반죽

재료	중량(g)
계란	385
설탕	250
소금	3
박력분	250
오렌지 껍질	1
오렌지 원액	60
오렌지필 다이스	50
버터	280

데코레이션_와인혼당

재료	중량(g)
화이트 와인	25
슈가파우더	100
아프리코트 혼당	적당량
피스타치오	적당량

● 반죽 제조공정 ●

01 버터를 캬라멜색이 나도록 태운다.
02 계란, 설탕, 소금을 혼합하여 중탕한다.
03 거품을 낸다   04 박력분을 체질하여 혼합한다.
05 오렌지 껍질, 오렌지 원액, 오렌지필 다이스를 넣어 섞는다.
06 01을 혼합한다.   07 팬닝한다.
08 오븐에 굽는다.

● 와인혼당 ●

01 화이트 와인에 슈가파우더를 체질하여 혼합한다.

● 완성 ●

01 구워져 나온 케이크에 아프리코트 혼당을 바른다.
02 피스타치오 조각을 적당량 뿌린다.
03 붓을 사용해서 와인혼당을 바른다.
04 오븐에서 잠시 건조시킨다.

흑당 쉬폰케이크

굽기
윗불 : 170℃, 아랫불 : 150℃
시간 : 25~30분

중량	수량
260g	4개

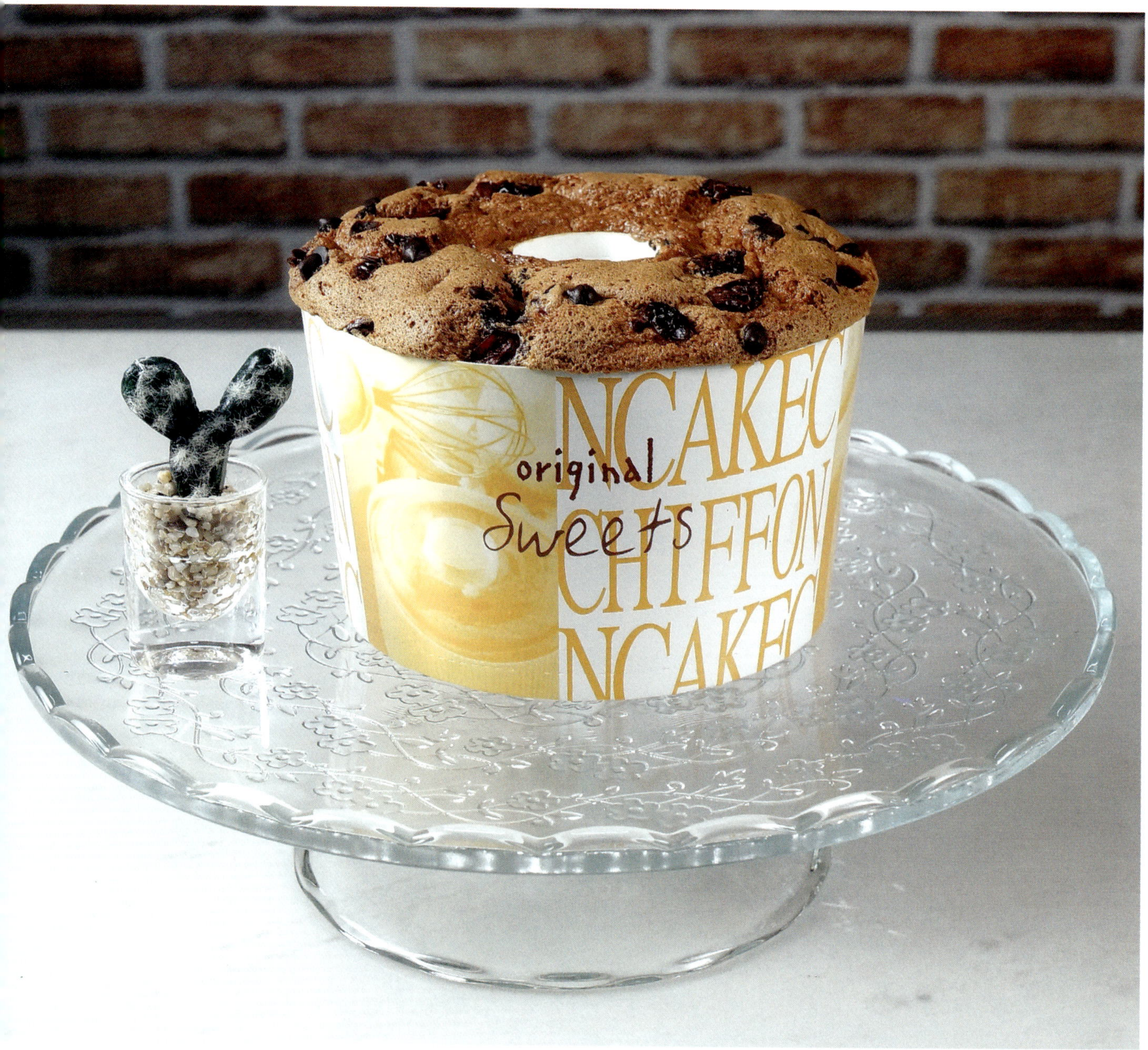

흑당 쉬폰케이크

제품의 배합_반죽

재료	중량(g)
흰자	250
설탕	150
계란	220
흑설탕	113
소금	3
중력분	167
흑당시럽	67
베이킹파우더	5
콩기름	90
크랜베리(전처리)	50
초코칩	50

● 반죽 제조공정 ●

01 계란을 풀어준다.
02 흑설탕, 소금, 흑당시럽, 콩기름을 혼합한다.
03 중력분, 베이킹파우더를 체질하여 혼합한다.
04 흰자와 설탕으로 머랭을 만든다.
05 반죽 03에 머랭을 나누어 넣으면서 가볍게 혼합한다.
06 크랜베리와 초코칩을 혼합한다.
07 팬닝한다.
08 윗면에 크랜베리와 초코칩을 적당량 뿌린다.
09 오븐에 굽는다.
10 구운 후 뒤집어 놓는다.

Bread 35

엔젤 쉬폰케이크

쿠킹배

굽기	
윗불 : 185°C, 아랫불 : 160°C	
시간 : 25~28분	
중량	수량
380g	1호 2개

엔젤 쉬폰케이크

제품의 배합_반죽

재료	중량(g)
흰자	379
레몬주스	26
설탕	157
소금	3
콩기름	39
우유	39
중력분	157

● 반죽 제조공정 ●

01 분무기로 쉬폰틀에 물을 뿌려둔다.
02 흰자, 레몬주스, 설탕, 소금을 혼합하여 100% 믹싱한다.
03 중력분을 체질하여 혼합한다.
04 콩기름과 우유를 혼합한다.
05 틀에 380g씩 팬닝한다.
06 오븐에 굽는다.

Bread 36

치즈케이크

굽기	
윗불 : 160℃, 아랫불 : 160℃	
시간 : 60~75분	
중량	수량
650g	1호 1개

치즈케이크

제품의 배합_반죽

재료	중량(g)
크림치즈	316
설탕	105
전분	6.3
전란	75
난황	21
생크림	138
1호 케이크시트(지름 15cm)	1개

● 반죽 제조공정 ●

준비 : 치즈케이크 틀에 실리콘 페이퍼를 깐다.

케이크시트를 두께 1~1.5cm로 자르고, 시트 가장자리에 색이 진한 부분을 잘라낸 후, 틀에 깔아준다.

01 크림치즈를 풀어준다.
02 설탕을 혼합하여 크림화한다.
03 전분을 혼합한다.
04 생크림을 70% 휘핑하여 혼합한다.
05 팬닝한다.
06 중탕으로 오븐에 굽는다.

Bread 37

바스크 치즈케이크

굽기	
윗불 : 250°C, 아랫불 : 200°C	
시간 : 10분 구운 후 색이 나면 돌려서 8분	
중량	수량
300g	3개

바스크 치즈케이크

제품의 배합_반죽

재료	중량(g)
크림치즈	450
설탕	196
계란	193
소금	1
바닐라 익스트랙	5
생크림	120

● 반죽 제조공정 ●

01 크림치즈를 풀어준다. (실온에 있는 것 사용)
02 설탕을 혼합한다.
03 계란에 소금, 바닐라 익스트랙을 넣고, 그것을 반죽에 조금씩 넣으면서 섞는다.
04 생크림을 서너 번 나누어 넣고 섞는다.
05 팬닝한다. (미니케이크 틀)
06 오븐에 굽는다.

Bread 38

밤과자

굽기	
윗불 : 185°C, 아랫불 : 140°C	
시간 : 18~20분	
중량	수량
반죽 20g	45개
흰앙금 40g	

밤과자

제품의 배합_반죽

재료	중량(g)
설탕	125
계란	1개
우유	50
연유	50
물엿	50
소다	6
중력분	300
흰 깨	적당량
캬라멜	적당량
계란 노른자	적당량
흰앙금	40

● 반죽 제조공정 ●

01 계란을 풀어준다.
02 우유, 연유, 물엿, 설탕을 넣고 설탕이 녹을 때까지 혼합한다.
03 중력분, 베이킹소다를 체질하여 혼합한다.
04 덧가루로 되기를 맞추면서 반죽한다.
05 반죽을 20g으로 분할하고 흰 앙금 40g을 넣는다.
06 손으로 모양을 낸다.(깨 묻히기)
07 분무기로 물을 뿌리고 표면을 말린다.
08 계란 노른자에 캬라멜을 혼합하여 칠한다.
09 오븐에 굽는다.

Bread 39

황남빵

굽기	
윗불 : 185℃, 아랫불 : 140℃	
시간 : 18~20분	
중량	수량
반죽 20g	45개
통팥앙금 30g	

황남빵

제품의 배합_반죽

재료	중량(g)
설탕	125
계란	1개
우유	50
연유	50
물엿	50
소다	6
중력분	300
통팥앙금	30
호두반태	45개
캬라멜	적당량
계란 노른자	적당량

● 반죽 제조공정 ●

01 계란을 풀어준다.
02 우유, 연유, 물엿, 설탕을 넣고 설탕이 녹을 때까지 혼합한다.
03 중력분, 베이킹소다를 체질하여 혼합한다.
04 덧가루로 되기를 맞추면서 반죽한다.
05 반죽을 20g씩 분할하고 통팥앙금을 30g 넣는다.
06 계란으로 중앙에 홈을 만든다.
07 분무기로 물을 뿌리고 표면을 말린다.
08 계란 노른자에 캬라멜을 혼합하여 반죽 위에 2번 칠한다.
09 중앙에 호두를 놓는다.
10 오븐에 굽는다.

Bread 40

호두만주

굽기	
윗불 : 185°C, 아랫불 : 140°C	
시간 : 20~25분	
중량	수량
60g	19개

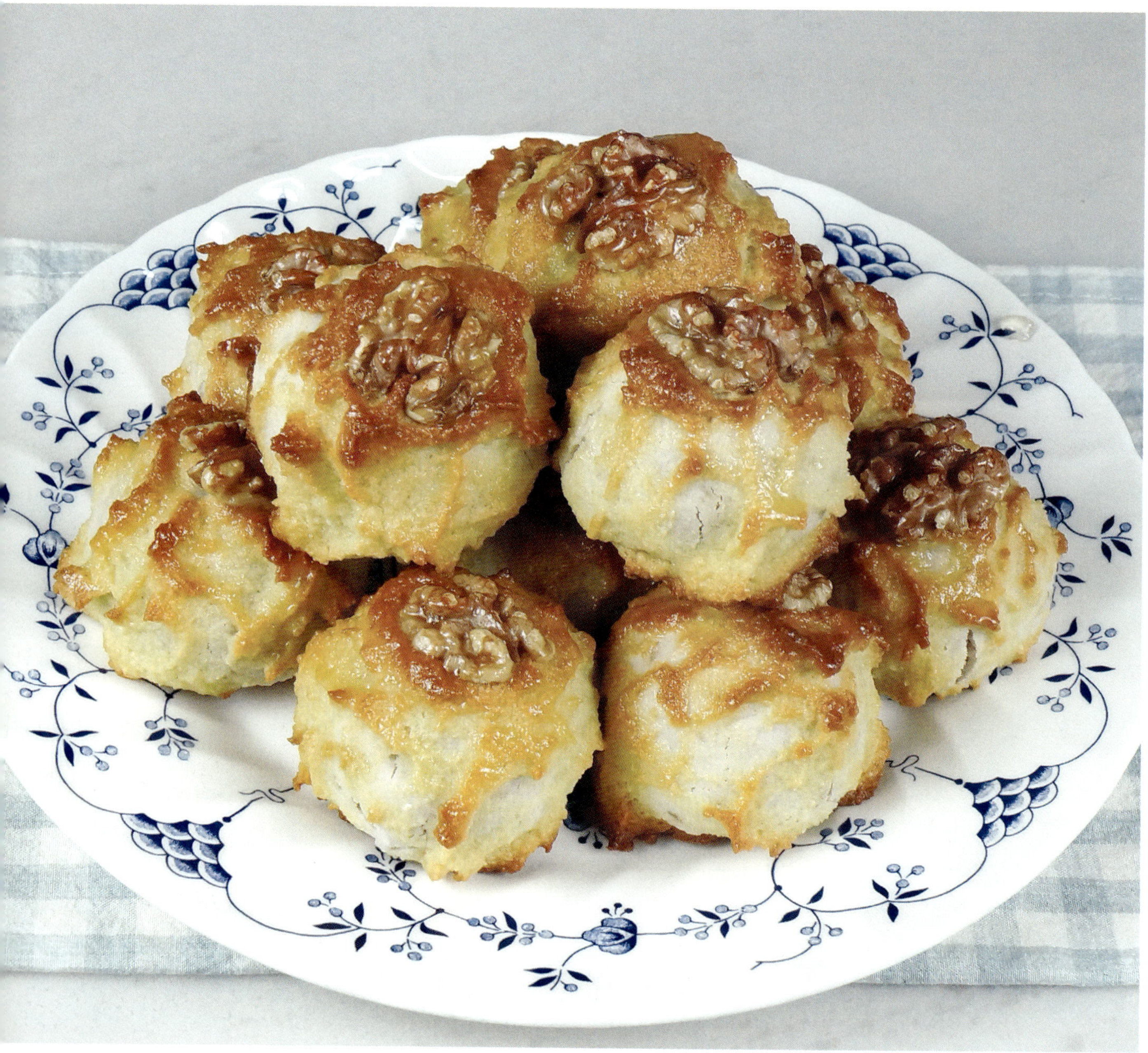

호두만주

제품의 배합_반죽

재료	중량(g)
흰앙금	1000
호두분태	150
카스테라 가루	250
아몬드분말	100
슈가파우더	166
흰자(조절)	330
아프리코트 혼당	적당량
호두반태	19개

● 반죽 제조공정 ●

01 카스테라를 체에 걸러 슈가파우더, 아몬드분말을 넣고 혼합한다.
02 반죽의 되기를 조절하면서 흰자를 조금씩 투입한다.
03 흰 앙금에 구운 호두를 넣고 반죽한다.
04 60g으로 분할한다.
05 반죽으로 앙금의 표면 전체를 감싼다.
06 중앙에 호두를 올려놓는다.
07 오븐에 굽는다.(데크오븐의 경우 팬 밑에 철판을 하나 깔아준다.)
08 아프리코트 혼당을 바른다.

브라우니 쿠키

굽기	
윗불 : 170°C, 아랫불 : 150°C	
시간 : 20~25분	
중량	수량
50g	12개

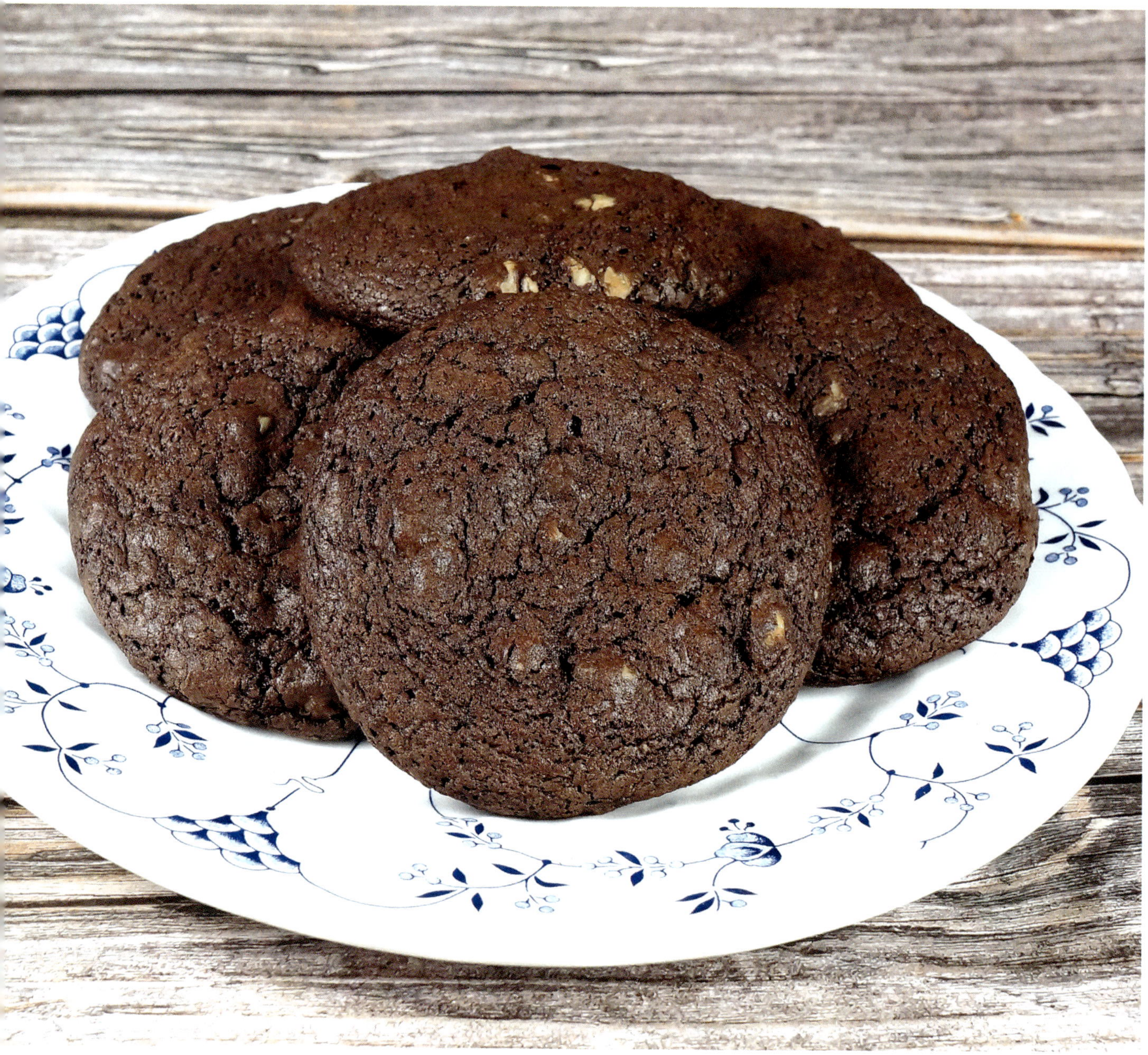

브라우니 쿠키

제품의 배합_반죽

재료	중량(g)
다크초콜릿	180
버터	90
황설탕	105
소금	1
계란	100
박력분	85
코코아분말	15
베이킹파우더	2
베이킹소다	2
호두분태	60

● 반죽 제조공정 ●

01 호두를 구워둔다.
02 황설탕, 소금, 계란을 혼합하여 거품을 낸다.
03 버터와 다크초콜릿을 녹여서 혼합한다.
04 박력분, 코코아분말, 베이킹파우더, 베이킹소다를 체질하여 혼합한다.
05 구운 호두를 혼합한다.
06 냉장 휴지시킨다.
07 50g씩 분할한다.
08 팬닝 후 살짝 눌러서 오븐에 굽는다.

Bread 42

블랙&화이트 쿠키

굽기
윗불 : 160℃, 아랫불 : 150℃
시간 : 20~25분

블랙&화이트 쿠키

제품의 배합_화이트 반죽

재료	중량(g)
버터	63
설탕	36
소금	1
계란	20
박력분	104
베이킹파우더	2
바닐라 익스트랙	2

블랙 반죽

재료	중량(g)
버터	47
카카오메스	25
생크림	25
다크초콜릿	21
소금	1
황설탕	21
계란	32
바닐라 익스트랙	2
물엿	17
박력분	112
베이킹파우더	2

● 화이트 반죽 제조공정 ●
01 버터를 풀어준다.
02 설탕을 투입하여 믹싱한다.
03 계란에 소금을 넣어 녹인 후 조금씩 투입하며 믹싱한다.
04 바닐라 익스트랙을 혼합한다.
05 박력분, 베이킹파우더를 체질하여 혼합한다.
06 냉장 휴지시킨다.

● 블랙 반죽 제조공정 ●
01 생크림을 60℃ 데워서 카카오메스, 다크초콜릿 넣고 녹인다.
02 버터를 풀어준다.
03 황설탕, 물엿을 투입하면서 믹싱한다.
04 계란에 소금을 넣어 녹인 다음, 조금씩 나누어 투입하며 믹싱한다.
05 바닐라 익스트랙을 첨가한다.
06 박력분, 베이킹파우더를 체질하여 혼합한다.
07 구운 호두를 혼합한다.   08 냉장 휴지시킨다.

● 화이트&블랙 쿠키 성형 ●
01 화이트 반죽을 10g씩 분할한다.
02 블랙 반죽을 14g씩 분할한다.
03 화이트 반죽 안에 블랙 반죽을 넣는다.   04 팬닝한다.
05 살짝 눌러 납작하게 만든다.   06 오븐에 굽는다.

오트밀컨츄리 쿠키

Bread 43

굽기	
윗불 : 165℃, 아랫불 : 150℃	
시간 : 20~25분	
중량	수량
60g	13개

오트밀컨츄리 쿠키

제품의 배합_반죽

재료	중량(g)
버터	150
설탕	150
소금	1
계란	30
박력분	180
오트밀	120
베이킹소다	3
우유	30
초코칩	120

● 반죽 제조공정 ●

01 버터를 풀어준다.
02 설탕을 넣어 믹싱한다.
03 계란에 소금을 녹여 조금씩 투입한다.(70% 믹싱)
04 박력분, 베이킹소다를 체질하여 혼합한다.
05 우유를 가볍게 혼합한다.
06 오트밀과 초코칩을 혼합한다.
07 냉장 휴지시킨다.
08 60g으로 분할한다.
09 동그란 모양으로 팬닝한다.
10 오븐에 굽는다.

Bread 44

호미아 쿠키

쿠킹배

굽기	
윗불 : 160°C, 아랫불 : 140°C	
시간 : 15~20분	
중량	수량
10g	대략 70개

호미아 쿠키

제품의 배합_반죽

재료	중량(g)
버터	120
분당	54
바닐라 익스트랙	1
소금	1
흰자	20
박력분	156

필링_아몬드 토피[누가]

재료	중량(g)
버터	40
물엿	27
슬라이스 아몬드	50
황설탕	51

● 반죽 제조공정 ●

01 버터를 풀어준다.
02 분당을 넣어 크림화한다.
03 흰자에 소금을 넣어 녹인 후, 조금씩 투입하면서 거품을 낸다.
04 바닐라 익스트랙을 투입한다.
05 박력분을 체질하여 혼합한다.
06 실리콘 페이퍼 위에 모양 깍지를 사용하여 반죽을 짠다.
07 필링을 잘라서 놓는다.
08 오븐에 굽는다.

● 필링 ●

01 버터, 물엿, 황설탕을 118°C까지 끓인다.
02 불에서 내려 슬라이스 아몬드를 혼합한다.
03 냉동고에서 굳힌다.
04 적당한 크기로 잘라 팬닝한다.

Bread 45

샤브레 브르통

쿠킹배

굽기
윗불 : 180℃, 아랫불 : 160℃
시간 : 35분

수량
30개

샤브레 브르통

제품의 배합_반죽

재료	중량(g)
버터	250
설탕	150
황란	40
럼주	10
레몬즙	10
베이킹파우더	2
아몬드분말	50
중력분	250

● 반죽 제조공정 ●

01 버터를 풀어준다.
02 설탕을 투입하여 가볍게 혼합한다.
03 황란, 럼주, 레몬즙을 투입한다.
04 중력분, 베이킹파우더, 아몬드분말을 체질하여 혼합한다.
05 냉장 휴지시킨다.
06 두께 1cm로 밀어 편다.
07 지름 5cm의 원형 틀로 찍는다.
08 노른자를 발라 포크로 모양을 낸다.
09 틀에 팬닝한다.

스콘

초코매니아

Bread 46

굽기
윗불 : 170°C, 아랫불 : 150°C
시간 : 20~25분

중량	수량
170g	5개

초코매니아

제품의 배합_반죽

재료	중량(g)
코코아파우더	13
강력분	188
카스테라 크럼	188
베이킹파우더	9
흑설탕	63
소금	2
버터	88
사워크림	125
전란	75
크랜베리	50
건포도	38
호두	63
누텔라(초코크림)	100(개당 20g)

● 반죽 제조공정 ●

01 크랜베리와 건포도를 전처리한다.(뜨거운 물에 담가놓기)
02 호두를 구워둔다.
03 카스테라 크럼을 체에 내려 가루로 만든다.
04 버터를 풀어준다.
05 흑설탕, 소금을 혼합하여 믹싱한다.
06 계란을 조금씩 투입하며 믹싱한다.
07 사워크림을 가볍게 혼합한다.
08 강력분, 코코아파우더, 베이킹파우더를 체질하여 혼합한다.
09 카스테라 크럼, 구운 호두, 크랜베리, 건포도를 혼합하여 한 덩이가 되게 뭉친다.
10 냉장 휴지시킨다.
11 120g씩 분할한다.
12 윗면에 가위로 십자 모양을 낸 후, 누텔라크림을 짜 넣는다.
13 슈가파우더를 윗면에 뿌린다.
14 오븐에 굽는다.

Bread 47

어니언치즈 스콘

굽기
윗불 : 170°C, 아랫불 : 165°C
시간 : 20~25분

수량
8개

어니언치즈 스콘

제품의 배합_반죽

재료	중량(g)
박력분	500
베이킹파우더	15
버터	90
설탕	90
소금	5
우유	70
계란	2개
양파	200
체다치즈	140g(6장)

● 반죽 제조공정 ●

01 양파를 잘게 썰어서 버터를 넣고 살짝 볶는다.
02 계란, 설탕, 소금, 우유를 혼합한다.
03 박력분, 베이킹파우더를 체질한 후, 버터와 혼합하여 보슬보슬한 상태로 만든다.
04 02를 섞어서 가볍게 뭉친다.
05 볶은 양파와 체다치즈를 혼합한다.
06 원형 모양으로 만들어 냉동한다.
07 8등분 한다. (지름 50cm / 두께 2.5cm)
08 계란 노른자를 바른다.
09 오븐에 굽는다.

Bread 48

호두크랜베리 스콘

쿠킹배

굽기
윗불 : 170℃, 아랫불 : 160℃
시간 : 20~25분

수량
9개

호두크랜베리 스콘

제품의 배합_반죽

재료	중량(g)
박력분	450
베이킹파우더	15
흑설탕	90
소금	4
버터	180
생크림	120
플레인요거트	80
호두분태	100
크랜베리	90

● 반죽 제조공정 ●

01 생크림, 설탕, 플레인요거트, 소금을 혼합한다.
02 박력분, 베이킹파우더를 체질한다.
03 버터를 혼합하여 보슬보슬한 상태로 만든다.
04 01을 혼합하여 가볍게 뭉쳐준다.
05 구운 호두와 전처리한 크랜베리를 넣고 반죽한다.
06 가로 세로 18cm x 18cm / 두께 2.5cm로 만들어 냉동한다.
07 6cm x 6cm로 자른다.
08 윗면에 생크림을 바르고 설탕을 뿌린다

버터스틱

굽기	
윗불 : 165°C, 아랫불 : 165°C	
시간 : 20~25분	
중량	수량
55g	19개

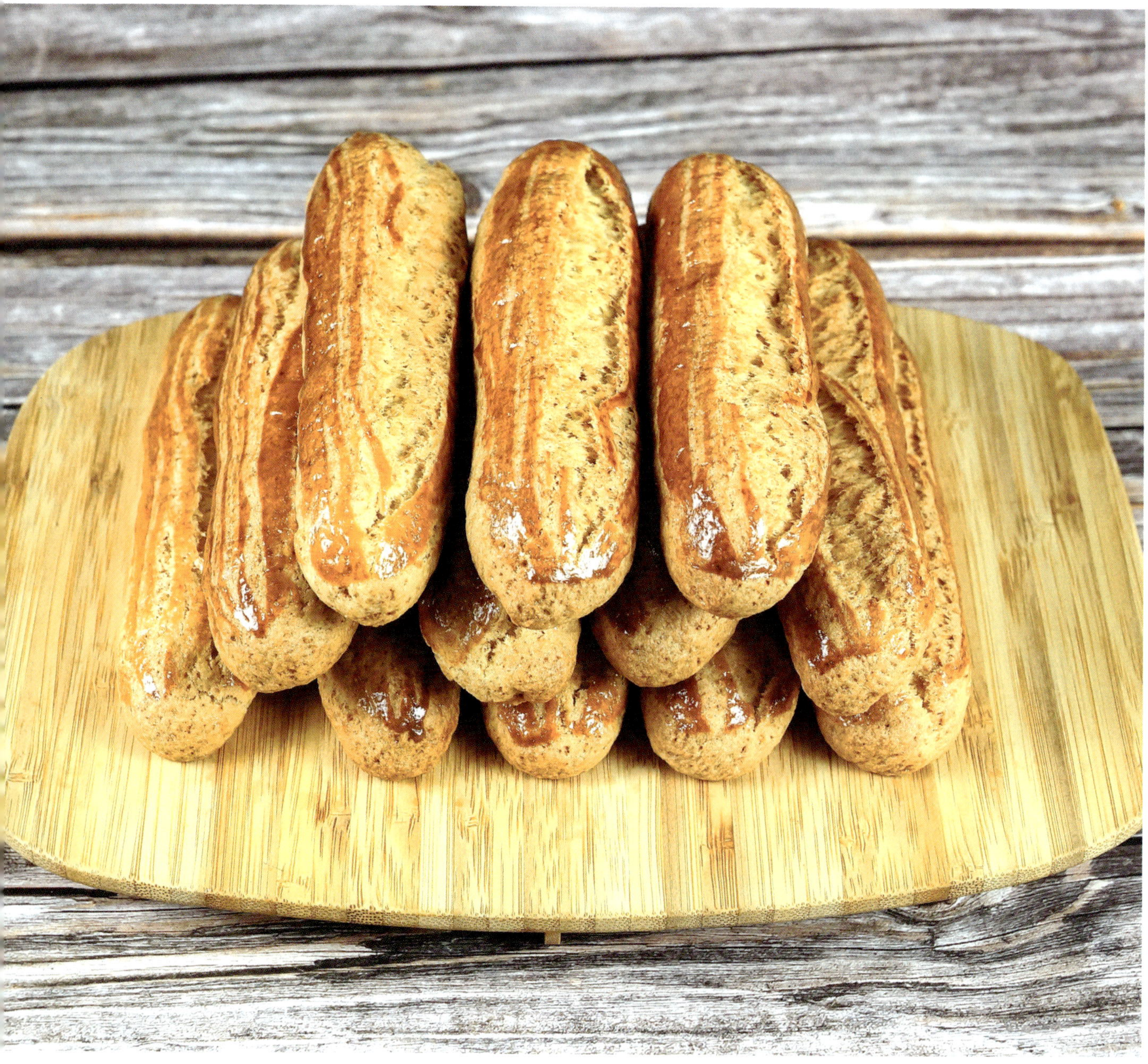

버터스틱

제품의 배합_반죽

재료	중량(g)
강력분	250
중력분	250
설탕	100
소금	3
분유	13
베이킹파우더	13
버터	225
계란	193

● 반죽 제조공정 ●

01 계란에 소금을 넣어 녹인다.
02 강력분, 중력분, 설탕, 분유, 베이킹파우더, 버터, 계란, 소금을 믹서볼에 넣는다.
03 1단 저속으로 혼합한다.
04 글루텐이 형성되지 않게 한 덩어리로 반죽한다.
05 55g씩 분할한다.
06 계란 노른자를 바른다.
07 무늬를 낸다.
08 오븐에 굽는다.

Bread 50

팔미에

굽기	
윗불 : 170°C, 아랫불 : 165°C	
시간 : 30~35분	
중량	수량
35g	20개

팔미에

제품의 배합_반죽

재료	중량(g)
강력분	175
박력분	75
소금	4
계란	50
버터	30
물	82
속버터	250

● 반죽 제조공정 ●

01 속버터를 제외한 전 재료를 혼합한다.
02 100% 믹싱한다.
03 냉장 휴지시킨다.
04 속 버터를 넣고 밀어 펴기 하여 3절 6회(3등분으로 6회 접기)를 한다.
05 3절 5회에 설탕을 뿌려가며 밀어서 접는다.
06 두께 7mm, 폭 30cm로 재단한다.
07 4절로 접어 하트 모양을 만든다.
08 냉동시킨다.
09 1.5cm로 자른다.
10 양옆에 설탕을 묻혀서 팬닝한다.
11 오븐에 굽는다.(눅눅하지 않게 굽고, 색이 나면 뒤집는다.)

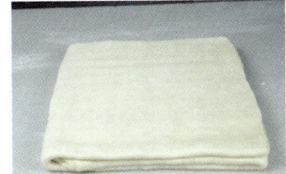

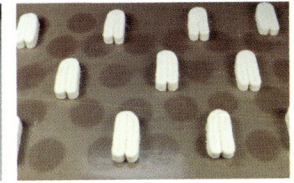

Bread 51

리프파이

쿠킹배

굽기	
윗불 : 170°C, 아랫불 : 170°C	
시간 : 30~35분	
중량	수량
50g	13개

리프파이

제품의 배합_반죽	
재료	중량(g)
강력분	175
박력분	75
소금	4
계란	50
버터	30
물	82
속버터	250

● 반죽 제조공정 ●

01 속버터를 제외한 전 재료를 혼합한다.
02 100% 믹싱한다.
03 냉장 휴지시킨다.
04 속버터를 넣고 밀어 펴기 하여 3절 6회(3등분으로 6회 접기) 한다.
05 밀어 펴서 돌돌 말아준다.
06 50g씩 분할하여 둥글리기를 한다.
07 테이블에 설탕을 뿌려가며 길쭉한 모양으로 얇게 밀어 편다.
08 피켓(또는 포크)으로 작은 구멍을 낸다.(앞, 뒷면 모두)
09 칼로 모양을 낸다.
10 냉장 휴지시킨다.
11 오븐에 굽는다.

행복을 만드는 레시피

배정열 제과기능장의
구움과자

대 표 전 화	2022년 12월 15일 개정판 1쇄 인쇄
	2022년 12월 20일 개정판 1쇄 발행
저 자	배정열
디 자 인	이혜정
사 진 · 감 수	정재하
발 행 처	(주)비엘피푸드
발 행 인	배정열
신 고 번 호	제 2022-000037호
주 소	경기도 남양주시 진건읍 독정로 157번길 70 A동
대 표 번 호	031-572-9731
팩 스	031-572-9732
쇼 핑 몰	www.bjy.co.kr
I S B N	979-11-981067-1-1

판매정가 20,000원

이 도서의 판권은 ㈜비엘피푸드 배정열에게 있으며, 수록된 내용은 무단으로 복제, 변형하여 사용할 수 없습니다.